Contraste insuffisant
NF Z 43-120-14

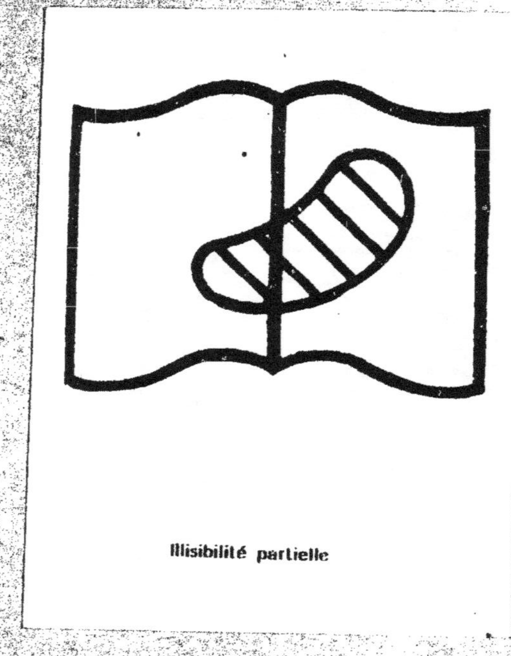

Illisibilité partielle

Original en couleur

NF Z 43-120-8

DE L'USAGE ET DE L'ABUS

EN MATIÈRE

DE LÉGISLATION COMPARÉE

PAR

LÉON AUCOC

MEMBRE DE L'INSTITUT,
PRÉSIDENT DU COMITÉ DE LÉGISLATION ÉTRANGÈRE.

Extrait de la REVUE CRITIQUE DE LÉGISLATION ET DE JURISPRUDENCE.

PARIS

LIBRAIRIE COTILLON

F. PICHON, SUCCESSEUR, IMPRIMEUR-ÉDITEUR,

Libraire du Conseil d'État et de la Société de législation comparée

24, RUE SOUFFLOT, 24.

1892

DE L'USAGE ET DE L'ABUS

EN MATIÈRE

DE LÉGISLATION COMPARÉE

PAR

LÉON AUCOC

MEMBRE DE L'INSTITUT,
PRÉSIDENT DU COMITÉ DE LÉGISLATION ÉTRANGÈRE.

Extrait de la REVUE CRITIQUE DE LÉGISLATION ET DE JURISPRUDENCE.

PARIS

LIBRAIRIE COTILLON

F. PICHON, SUCCESSEUR, IMPRIMEUR-ÉDITEUR,

Libraire du Conseil d'État et de la Société de législation comparée

24, RUE SOUFFLOT, 24.

1892

DE L'USAGE ET DE L'ABUS

en matière

DE LÉGISLATION COMPARÉE

Si les études de législation comparée se sont largement développées en France depuis plus de vingt ans, si elles ont apporté un élément nouveau, fécond en progrès précieux, dans les travaux des professeurs, des magistrats, des avocats, des auteurs d'ouvrages juridiques, des publicistes et contribué à éclairer le législateur dans l'élaboration de réformes importantes, c'est qu'elles ont des bases solides.

Aux publications isolées et d'ailleurs très méritoires de M. Victor Foucher, de M. Anthoine de Saint-Joseph, de MM. Fœlix et Bergson ont succédé les publications de la *Société de législation comparée* et celles du *Comité de législation étrangère* institué au ministère de la Justice. Nous avons déjà signalé les conditions dans lesquelles ces travaux ont été organisés et qui donnent tant de garanties pour l'exactitude et la valeur scientifique des documents offerts au public [1].

On connaît, en France et à l'étranger, les *Annuaires* et le *Bulletin* de la Société de législation comparée, publiés depuis 1870 avec une remarquable régularité, dont les uns forment une collection de la plupart des lois importantes votées depuis cette époque, sur toutes les branches du droit, non seulement dans les États de l'Europe, mais dans presque tous les pays du monde civilisé, dont les autres donnent des études approfondies sur la

[1] *Les études de législation comparée en France* (Extrait du compte rendu de l'Académie des sciences morales et politiques et de la *Revue bleue*), 1889.

législation des pays étrangers relative aux questions qui ont fait l'objet de propositions soumises aux Chambres françaises et sur les projets nouveaux discutés dans les parlements étrangers.

On connaît également la collection des principaux Codes étrangers publiée, avec le concours de cette société, par le Comité de législation étrangère, institué en 1876 au ministère de la Justice par M. Dufaure, et qui fournit des types intéressants de législation sur le droit pénal, le droit civil, le droit commercial, l'organisation judiciaire, la procédure civile et criminelle et le droit public.

On sait aussi que l'œuvre principale du Comité de législation étrangère a été la constitution d'une bibliothèque, composée aujourd'hui de plus de 25,000 volumes, qui contient les textes et les commentaires principaux de la législation des pays étrangers, non seulement des Etats de l'Europe et de l'Amérique, mais de beaucoup d'Etats de l'Asie, de l'Afrique et de l'Océanie, bibliothèque qui s'enrichit sans cesse et qui ouvre aux recherches scientifiques et pratiques le champ le plus étendu.

Ce qui doit préoccuper aujourd'hui ceux qui ont contribué à constituer ces richesses, c'est la question de savoir l'usage qu'on en fait et qu'on en pourrait faire. Il nous paraît important d'y revenir et d'insister sur les observations que nous nous étions borné à esquisser dans notre précédent travail.

I.

La Société de législation comparée et le Comité de législation étrangère ont pris, avec raison, de grandes précautions pour assurer la fidélité des traductions qu'ils publiaient, pour les accompagner d'introductions, de notes faisant ressortir les travaux préparatoires des lois nouvelles, le caractère et les motifs des modifications apportées aux anciennes lois.

Il importe, en effet, au plus haut point d'arriver à l'exactitude des traductions, et il n'est pas toujours facile d'y atteindre. Pour être en mesure de transporter dans notre langue les dispositions des lois étrangères, il faut connaître à fond d'abord les langues étrangères, ensuite les dispositions et le langage du droit

français et se bien pénétrer du sens de l'ensemble et des détails
de la loi étrangère. Ce n'est qu'après une étude approfondie
qu'on trouve les termes juridiques qui expriment exactement
des idées souvent différentes des nôtres. Nous avons été plus
d'une fois témoin des dissentiments qui se produisaient à ce
sujet entre des hommes très expérimentés et nous avons constaté
les excellents résultats dus à des collaborations ou à des revi-
sions sans lesquelles les traductions auraient certainement été
imparfaites.

L'inexactitude a différents degrés. On cite des exemples d'inexactitude matérielle, qu'il est possible de rappeler sans offenser per-
sonne. Dans ses études si pénétrantes de droit constitutionnel publiées en 1885, M. Boutmy signalait deux erreurs graves commi-
ses dans la traduction de la constitution fédérale des Etats-Unis
de l'Amérique du Nord, annexée au célèbre livre de M. de Tocqueville et qui avait été reproduite depuis cette époque sans qu'on
fût remonté au texte original [1].

Il rappelle d'abord que, dans la première édition du Recueil
des chartes et constitutions de l'Europe et de l'Amérique, des
auteurs aussi graves que MM. Duvergier, Dufau et Guadet avaient
donné comme la constitution en vigueur aux Etats-Unis les arti-
cles de la Confédération abrogés précisément en 1787 par cette
constitution, et qu'ils ont reproduit la même confusion dans
leur supplément publié après 1830. Le texte authentique a été
donné avant le voyage de M. de Tocqueville aux États-Unis, par
M. Conseil dans son livre sur Jefferson. Mais le premier article
de cette traduction contenait un non-sens qui le rendait inintel-
ligible.

« Ce non-sens, dit-il, a rencontré une fortune si singulière que
je ne puis me dispenser d'en donner la clef. L'article dit que
« un congrès formé du Sénat et de la Chambre des représentants
sera investi de tous les pouvoirs déterminés par la présente constitution. » (Herein granted). Au lieu de « par la présente constitution », le texte de M. Conseil donne « par les représentants. »
Ainsi ce seraient les représentants qui, à eux seuls, détermine-
raient non seulement leurs propres pouvoirs, mais ceux du

Sénat, ceux du Congrès tout entier. D'où a pu sortir cette surprenante ineptie ? Il est probable que le manuscrit du traducteur portait l'expression « par les présentes », qu'une erreur de prote aura substitué à ces mots « par les représentants » et que M. Conseil aura donné le bon à tirer sans relire. Quoi qu'il en soit, Tocqueville ayant besoin en 1834 d'une traduction de la constitution américaine, s'empare de celle de M. Conseil », et elle a passé de là dans plusieurs ouvrages postérieurs.

Cette erreur a été rectifiée pour la première fois en 1883 dans l'excellent recueil des *constitutions modernes* publié par MM. F. R. Dareste et P. Dareste.

Ce n'est pas tout. « Dans la même constitution, dit M. Boutmy, à l'article où il est question de la nomination conjointe des hauts fonctionnaires par le Président et le Sénat, le mot *nominate* qui signifie comme le latin *« nominare »* présenter, proposer, donner des noms, est traduit invariablement par « nommer » et le mot *« appoint »* qui signifie « nommer à une place, commissionner » est traduit invariablement par « désigner », en sorte que le sens est complètement dénaturé et qu'une opération unique, exprimée par un pléonasme banal, prend la place de cette procédure ingénieuse à deux phases que le législateur a si nettement décrite dans le texte original. »

De son côté, M. le duc de Noailles, dans son remarquable ouvrage intitulé : *Cent ans de République aux États-Unis*, a fait remarquer que, d'après la traduction anciennement accréditée, le droit d'*habeas corpus*, ce palladium des libertés civiles et politiques de la race anglo-saxonne, était réduit presque à rien. « Le privilège de l'*habeas corpus*, disait-on, ne sera suspendu qu'en cas de rébellion ou d'invasion et lorsque la sûreté publique l'exigera. » D'accord avec MM. Dareste, M. le duc de Noailles traduit ainsi : « Ne sera pas suspendu, excepté lorsqu'en cas de rébellion ou d'invasion la sûreté publique l'exigera[1]. »

Si on veut se rendre compte des difficultés sérieuses que présentent ces traductions, on n'a qu'à parcourir les glossaires qui accompagnent les traductions de codes publiées par le Comité de législation étrangère. On y verra combien des traductions littéra-

[1] Tome I, p. 147.

les altéreraient le sens des textes et les rendraient inintelligibles pour des lecteurs français.

Mais il y a un autre genre d'inexactitude dont il ne faut pas moins se méfier. Suffit-il de donner le texte d'une constitution ou d'une loi étrangère pour exposer la véritable physionomie d'une institution? Dans les institutions des Etats-Unis d'Amérique, il s'est établi, à côté des textes, des traditions qui, au lieu d'appliquer la constitution, l'ont peu à peu modifiée à ce point que celui qui s'en rapporterait exclusivement au texte, aurait une idée absolument fausse de la marche des choses. C'est ainsi que plusieurs écrivains autorisés se sont appliqués récemment à montrer par quelle série de déviations le rôle du Président, du Sénat et de la Chambre des représentants est arrivé à différer sensiblement de celui que le texte de la constitution leur assigne, comment les Chambres dirigent le travail des ministres, bien que, pour arriver à établir la séparation du pouvoir législatif et du pouvoir exécutif, la constitution ait posé en principe que les ministres n'ont pas entrée au Congrès, comment le Sénat est maître de la nomination des fonctionnaires importants, bien que la constitution ne lui ait donné qu'un droit de contrôle, comment l'élection à deux degrés, organisée avec tant de soin pour le choix du Président de la République, n'a lieu qu'en apparence [1].

M. de Franqueville, dans son savant ouvrage sur *le Gouvernement et le Parlement britanniques*, où il a donné les résultats d'études prolongées pendant vingt ans, signale aussi la difficulté de bien connaître les institutions anglaises. « Sous peine d'offrir un tableau de fantaisie, non seulement inexact, mais absolument contraire à la vérité, il est indispensable d'exposer toujours, à côté de la loi écrite ou coutumière, la façon dont elle est appliquée dans la pratique, de montrer l'usage qui la contredit ou qui l'interprète; il faut enfin dire, ce que n'indiquent ni les textes

[1] Boutmy, *Etudes de droit constitutionnel.* — Duc de Noailles, *Cent ans de République aux Etats-Unis*, chap. VIII. Limites du pouvoir législatif, ch. XII. Attributions exécutives du Sénat, ch. XIII. Le pouvoir exécutif, ch. XVI. L'élection du pouvoir exécutif. — De Franqueville, *Les Etats-Unis du centenaire*, étude sur le livre considérable de Ch. Bryce: *The american commonwealth.*

ni les livres, comment les choses se passent en fait et quel est le rôle réel, si différent du rôle apparent, des diverses autorités qui dirigent les affaires de l'État [1]. »

Les Français ont grand besoin d'être avertis pour prendre garde à ces modifications résultant de la pratique. M. Boutmy en a expliqué la raison avec beaucoup de finesse. « En France, dit-il, il n'y a jamais eu d'évolution pareille; aucune de nos constitutions n'a duré assez longtemps pour se déformer ou se compléter lentement par l'usage. Toutes se présentent avec le caractère de mécanismes neufs et luisants, sortant de l'atelier du constructeur et conformes de tout point au *modèle déposé*. Nous avons vu de fréquents changements dans l'ordre constitutionnel; mais c'est alors la machine tout entière qui a été changée en bloc et tous les détails de la transformation ont pu et dû être enregistrés expressément dans des textes authentiques. Nous avons donc besoin de renoncer à une très puissante habitude d'esprit pour imaginer que les textes ne disent pas tout et que beaucoup de détails essentiels se cachent dans des documents innommés ou dans une pratique connue des seuls hommes d'État [2]. »

Et ce n'est pas là un caractère spécial aux institutions anglo-saxonnes.

Un ouvrage nouveau de M. Dupriez, couronné par l'Académie des sciences morales et politiques, sur les *Ministres dans les principaux pays d'Europe et d'Amérique*, nous en fournit la preuve [3]. Si l'on examine la constitution du royaume d'Italie, on retrouve dans les textes les théories appliquées en Angleterre. Mais les résultats pratiques sont loin d'être les mêmes, par suite de l'or-

---

[1] *Le Gouvernement et le Parlement britanniques*, t. I, préface, p, 2.

[2] *Études de droit constitutionnel*, p. 116.

[3] Dans le premier volume de cet ouvrage, l'auteur a étudié le rôle des ministres en Angleterre, en Belgique, en Italie, en Prusse et le rôle du chancelier dans l'Empire d'Allemagne. Chacune de ces études montre le sujet sous ses différentes faces dans des chapitres intitulés : Les ministres dans la constitution, les ministres et le roi, les ministres et les Chambres, les ministres et l'administration. Le second volume n'a pas encore paru.

ganisation ou plutôt de la désorganisation des partis et de l'instabilité des ministères.

Si l'on examine la constitution du royaume de Prusse, on y trouve la respønsabilité des ministres dans des termes semblables à ceux des constitutions qui ont organisé le gouvernement parlementaire. « Tous les actes du gouvernement du Roi doivent, d'après cette constitution, pour être valables, être contresignés par un ministre qui, par là-même, en assume la responsabilité » (art. 44). Mais en y regardant de près, en combinant cet article avec ceux qui déterminent les pouvoirs du Roi, on voit qu'il s'agit non d'une responsabilité parlementaire, mais d'une responsabilité judiciaire, et encore les commentateurs les plus autorisés soutiennent que l'article, qui n'a jamais été mis en pratique, est abrogé.

Quant à la constitution de l'Empire allemand, il ne faut pas non plus la juger d'après les apparences, calculées pour ménager la susceptibilité des États confédérés, et la pratique est loin de la théorie aussi bien pour les pouvoirs de l'Empereur que pour ceux du chancelier.

II.

Nous venons d'indiquer les précautions qu'il est essentiel de prendre pour connaître exactement la législation des pays étrangers. Ne faut-il pas en prendre autant pour apprécier cette législation, pour se rendre compte de son mérite et juger si elle est préférable à la législation française et digne d'être imitée ?

Là encore il ne suffit pas du texte.

S'il s'agit de lois anciennes dont la durée inspire le respect, il ne suffit pas de vérifier quels en ont été les motifs et les résultats. Il faut s'assurer que le peuple auquel on voudrait les emprunter en est lui-même satisfait et ne cherche pas à les abandonner ou à les modifier gravement au moment même où on les propose comme modèles. Ainsi, en 1875, un éminent écrivain, M. Le Play, qui a rendu de grands services par l'impulsion qu'il a donnée aux études sociales et dont on doit proclamer le savoir et les inspirations élevées, alors même qu'on est amené à contredire ses opinions sur certains points, publiait un ouvrage étendu sur la *Constitution de l'Angleterre* considérée dans ses rapports avec la loi de Dieu et les coutumes de la paix sociale. Un des points qu'il s'attachait le plus à mettre en relief et dont il préconisait l'imitation, c'était le gouvernement local, notamment celui des comtés, confié aux *magistrates* ou juges de paix (*justices of the peace*), corps composé de l'élite des propriétaires fonciers désignés par le gouvernement, chargé à la fois d'une partie du pouvoir judiciaire et de l'administration des intérêts des comtés. Il n'était cependant pas sans inquiétude sur la durée de l'influence séculaire de ces *magistrates* qui se trouvaient investis du droit d'établir des impositions sans être les mandataires des contribuables, et il indiquait avec regret dans une note le mouvement d'opinion qui se produisait pour obtenir une réforme. Aujourd'hui la réforme qu'il redoutait est réalisée sur la proposition d'un ministère tory. Une loi du 13 août 1888 a organisé des conseils de comté électifs pour l'Angleterre et une loi du 25 août 1889 a pris une mesure semblable pour l'Écosse. Ces lois ont donné aux conseils de comté des attributions administratives très étendues qu'elles ont enlevées non seulement aux *magistrates*, mais à beaucoup d'autres autorités locales ; et, pour faire contrepoids à cette innovation, elles ont fortifié le contrôle du pouvoir central, représenté par le *local government board*, ministère de l'administration locale, ce qui constitue une autre atteinte à une des anciennes traditions de l'Angleterre [1].

Combien de fois n'a-t-on pas fait valoir, pour appuyer l'extension des attributions du jury en matière civile, l'exemple de l'Angleterre, sans prendre garde que la législation anglaise a été notablement modifiée, depuis un certain nombre d'années ; que devant les Cours de comté comme devant la Haute Cour, il faut que les parties demandent expressément la convocation du jury pour qu'il soit appelé à fonctionner et qu'en fait, de 1876 à 1880,

---

[1] On trouvera les textes de ces deux lois considérables dans l'*Annuaire de législation étrangère*, 1888, p. 42, 1889, p. 50, où elles sont accompagnées d'introductions et de notes très instructives.

il n'y a eu que deux affaires sur mille déférées au jury devant les Cours de comté, et devant la Haute Cour une sur trois; mais dans le premier cas, il y a eu par an plus de 600,000 affaires jugées et dans le second cas, un peu moins de 2,000 [1].

Est-il besoin de rappeler combien de fois les lois sur les sociétés commerciales ont été remaniées dans la plupart des pays de l'Europe; ce qui prouve que jusqu'ici les différents systèmes successivement adoptés n'ont pas répondu à l'attente des législateurs, et ce qui enlève par suite une certaine autorité à chacun de ces systèmes?

S'il s'agit de lois nouvelles, il importe, à défaut de l'expérience des pays voisins, d'étudier soigneusement les principes en eux-mêmes et dans leurs conséquences; de rechercher les circonstances de toute nature qui ont déterminé les parlements et les gouvernements des autres pays, pour discerner ce qu'il peut y avoir dans leurs résolutions d'essentiel ou d'accidentel, et apprécier s'ils ont eu à satisfaire des besoins généraux ou des besoins locaux.

Ainsi l'empire d'Allemagne est entré, depuis 1883, dans une voie où il n'a cessé de s'avancer en édictant, en faveur des ouvriers, des lois concernant l'assurance en cas de maladie, l'assurance contre les accidents, l'assurance contre l'invalidité et la vieillesse. La loi du 15 juin 1883 sur l'assurance en cas de maladie a été imitée en Autriche-Hongrie. Mais, à la fin de l'année 1890, le Gouvernement allemand a proposé de modifier la loi de 1883. Il faut étudier de près les difficultés qui ont amené ce nouveau projet [2]. La loi du 22 juin 1889 qui a créé des assurances contre l'invalidité et la vieillesse n'exige pas une étude moins attentive [3]. Est-il indifférent, pour apprécier cette loi, de savoir dans quelles circonstances elle a été votée, quelle énergique pression le

[1] Voir l'étude sur le jury civil en Angleterre présentée par M. Joseph Leydet à la Société de législation comparée, *Bulletin*, 1883-1884, t. XIII, p. 178.

[2] On consultera avec profit, dans le *Bulletin de la Société de législation comparée*, 1892, p. 81, un travail approfondi de M. Maurice Bellom, ingénieur des mines, sur ce projet et la discussion à laquelle il a donné lieu.

[3] Le texte de cette loi, avec une intéressante notice de M. Edouard Gruner, est donné dans l'Annuaire de législation étrangère de 1890, p. 182 et s.

prince de Bismarck, à la veille de tomber du pouvoir, a exercée sur le Reichstag pour en obtenir l'approbation et quelle faible majorité (20 voix) il a rallié, quoiqu'il eût été jusqu'à poser la question de confiance et déclarer ennemi de l'Empire quiconque combattrait le projet? Est-il indifférent de savoir que « plus approche le moment de l'application de cette loi, plus augmentent le mécontentement et les regrets contre la précipitation avec laquelle elle a été votée? »

Et ces circonstances ne donnent-elles pas une autorité particulière aux critiques suivantes :

« Si nous résumons l'impression que laisse cette loi, dit M. Gruner qui a étudié avec beaucoup de soin toute cette législation spéciale, il nous semble difficile de ne pas ressentir un certain découragement quand on voit le faible résultat financier, la modicité des pensions obtenues, l'âge éloigné (soixante-dix ans) où sera accordée la pension, après la mise en vigueur d'une organisation aussi complexe.

« Pour l'ouvrier, beaucoup de formalités à remplir, l'obligation d'être sans cesse porteur d'une carte et, en fin de compte, une pension tardive tout à fait insuffisante pour vivre ailleurs que dans des campagnes reculées.

« Pour le patron, l'obligation de se conformer à des prescriptions multiples et de subir sans cesse le contrôle d'inspections et en même temps une charge d'autant plus lourde que les salaires sont plus bas, puisque la cotisation est fixe dans chaque classe.

« Pour l'État, par suite de l'allocation constante de 50 marcs, une charge qui, avec le temps, atteindra et dépassera peut-être 100 millions de francs par an, et que les réclamations contre la modicité des pensions et l'âge élevé auquel elles sont acquises pourront facilement doubler ou tripler. »

Il y a là matière à réflexion.

Pour la législation sur les accidents du travail, qui a déjà dans plusieurs pays quelques années d'existence, nous avons comme éléments d'appréciation, non seulement la comparaison entre les lois de la Suisse, de l'Autriche-Hongrie et de l'Allemagne, mais aussi les discussions des congrès internationaux dans lesquelles des orateurs, animés des mêmes intentions philanthropiques, ont opposé les doctrines de l'initiative individuelle à celles du socialisme d'État [1]. Les premiers résultats de la loi allemande ont donné lieu à de vives critiques sur les charges des patrons, de l'État et sur les frais d'administration. L'exactitude de ces critiques a été contestée. Il faut attendre les statistiques qui se préparent pour juger en pleine connaissance de cause.

Un autre écueil à redouter quand on cherche à faire des emprunts à la législation étrangère, c'est qu'on se laisse parfois séduire par des mesures de détail dont on aperçoit vivement les avantages sans se rendre compte qu'elles font partie d'un ensemble d'institutions essentiellement différentes des nôtres et que si elles sont bien à leur place dans le pays qui les a adoptées, elles ne pourraient se combiner avec nos institutions. Il n'est pas facile par exemple de concilier et de cumuler le régime de certains pays qui donnent à l'autorité administrative un pouvoir préventif et de police très étendu, avec celui qui réserve à l'autorité judiciaire le droit de réprimer les infractions à la loi et d'allouer des indemnités à ceux qui ont à souffrir de ces infractions.

Les polémiques auxquelles a donné lieu l'étendue des droits de l'État au sujet des tarifs de chemins de fer dans les pays où il se trouve en face de compagnies qui sont concessionnaires ou propriétaires dans des conditions plus ou moins diverses, ont bien montré les erreurs auxquelles on peut être conduit par une étude trop rapide des législations étrangères.

On a fait valoir notamment que, dans ces derniers temps, le législateur des États-Unis d'Amérique et de l'Angleterre avait attribué au gouvernement un pouvoir bien plus étendu que celui qui lui appartient en France pour la modification des tarifs de chemins de fer. L'exemple paraissait d'autant plus décisif que, dans ces pays, l'initiative privée est en général profondément respectée et que, pendant longtemps, le législateur avait laissé les

---

[1] Le Congrès international des accidents du travail qui s'était tenu à Paris en 1889 a décidé de constituer un comité permanent international pour continuer ses travaux. Ce comité publie un bulletin très intéressant. Un second congrès a eu lieu à Berne en 1891. Il a étendu le but de l'association qui comprend désormais « les assurances sociales ».

compagnies complètement libres, ou du moins ne leur avait pas imposé un contrôle permanent du gouvernement.

Pour être en mesure de comparer utilement ces réformes avec la législation française, il faut d'abord regarder de près ces nouvelles législations, étudier le régime qui était en vigueur antérieurement, les raisons qui ont amené à introduire les réformes, en préciser le caractère, et vérifier quelle est la mesure de l'autorité qu'elles donnent à l'Etat. Il faut, pour apprécier ce qu'il y aurait de nouveau dans la constitution de cette autorité, distinguer le fond et la forme, les principes à appliquer et les pouvoirs qui sont chargés de les appliquer. Quand on fait la comparaison dans ces conditions, on arrive à découvrir que l'Angleterre et l'Amérique ont imité la législation qui existait en France depuis l'origine des chemins de fer, en organisant un contrôle sur l'établissement et la modification des tarifs de transport, mais qu'elles l'ont imitée en donnant à ce contrôle une forme en harmonie avec les habitudes de ces pays et qui, au premier abord, donne au fond un certain caractère de nouveauté. Si l'on rencontre des points nouveaux, on constate qu'ils répondent à des circonstances qui n'existent pas en France. On peut en conclure qu'il n'y a pas lieu de cumuler les deux systèmes pour obtenir les résultats que donne depuis longtemps le système français [1].

Depuis l'origine de nos chemins de fer, c'est un principe fondamental que les compagnies ne peuvent percevoir aucune taxe supérieure au maximum fixé par le cahier des charges, mais qu'elles ne peuvent non plus réduire les taxes au-dessous de ce maximum, sans avoir obtenu l'homologation du ministre des travaux publics, qui, après une enquête où les intéressés sont entendus, peut refuser cette homologation. De plus le ministre ne

[1] C'est ce qu'a fait M. Gomel, ancien maître des requêtes au Conseil d'Etat, dans une étude intitulée : *Les droits de l'Etat sur les tarifs de chemins de fer en Angleterre et aux Etats-Unis*. Il faut consulter, au sujet des chemins de fer en Angleterre et en Amérique, l'ouvrage de M. Ch. de Franqueville sur les *travaux publics en Angleterre*, celui de M. Hadley sur le *transport par les chemins de fer*, celui de MM. Lavoinne et Pontzen, *les chemins de fer en Amérique* (t. II), les *Annuaires* de la Société de législation comparée, et les comptes rendus qui ont été donnés dans plusieurs journaux spéciaux des résultats de la nouvelle législation.

donne son homologation qu'à titre provisoire et peut la retirer s'il aperçoit par l'expérience des inconvénients qui n'avaient pas apparu au premier abord. En un mot, les contrats de concession ont attribué aux compagnies l'initiative des modifications, au ministre un droit de *veto*.

D'autre part, la perception des tarifs doit se faire indistinctement et sans aucune faveur et tout traité particulier qui aurait pour effet d'accorder à un ou plusieurs expéditeurs une réduction sur les tarifs approuvés demeure formellement interdite.

Cette seconde règle n'entraine pas l'égalité absolue des tarifs pour la même distance quand les transports se font dans des conditions différentes, soit au point de vue des quantités, soit au point de vue des délais et de la responsabilité ou bien quand les concurrences entraînent des réductions spéciales. Mais le ministre des travaux publics peut opposer son veto aux propositions des compagnies s'il juge que l'inégalité n'est pas justifiée, et les tribunaux de commerce, sur la plainte des intéressés, veilleraient, au besoin, au respect des principes sur l'égale application des tarifs approuvés.

Voilà le fond et la forme du système français. Que s'est-il passé en Angleterre? Pendant longtemps les compagnies, étant libres de fixer leurs tarifs dans les limites du maximum établi par leur acte de concession, avaient adopté des combinaisons qui, par des inégalités excessives et arbitraires, avaient soulevé les plus vives réclamations du public et les recours devant les tribunaux de droit commun, où la procédure est très coûteuse, étaient insuffisants pour remédier à ces abus. Le législateur, par plusieurs lois, notamment celles du 21 juillet 1873 et du 10 août 1888, a organisé une commission spéciale pour statuer sur les plaintes auxquelles pouvaient donner lieu les tarifs de chemins de fer, particulièrement pour le cas de transports communs à plusieurs compagnies et pour le cas de « tarifs injustes et de préférences indues ». La loi du 10 août 1888 a fortifié les pouvoirs de la commission instituée en 1873, elle a posé certaines règles d'égalité auxquelles la commission elle-même ne peut pas déroger. Mais, à cet égard, elle ne fait guère que donner au public les moyens de réclamer, après l'établissement des tarifs, contre les abus que le ministre des Travaux publics en France peut empêcher de se produire en refusant l'homologation aux tarifs qui lui sont soumis. Nous ne pouvons pas ici entrer dans des détails ; nous cherchons à montrer comment il ne faut pas, dans les études de législation comparée, se laisser égarer par les apparences.

La loi du 10 août 1888 a pris une mesure d'un autre ordre et qui n'a rien de pareil dans la législation française. Elle a décidé, dans l'art. 24, que les compagnies devraient soumettre au gouvernement (au *board of trade*) le nouveau maximum de leurs tarifs et que, en cas de désaccord, la question serait tranchée par le Parlement. On y a vu une innovation grave et qui pouvait servir d'exemple au législateur français.

Mais il n'y a là aucune innovation dans le droit attribué à l'État et il n'y a rien d'applicable en France. La législation anglaise réservait expressément, depuis 1845, la revision des tarifs par l'autorité du Parlement. On l'a contesté, mais le fait est expressément indiqué dans un rapport de la commission parlementaire instituée en 1872 pour étudier les conditions de la fusion des chemins de fer. La clause mise en vigueur à cette époque, et constamment reproduite dans toutes les lois rendues pour autoriser de nouveaux chemins de fer, des fusions, des travaux ou des emprunts, s'applique aujourd'hui à toutes les compagnies anglaises, en sorte que la légalité du bill du 10 août 1888 n'était pas contestable.

D'ailleurs on comprend très bien que le législateur anglais se soit réservé le droit de reviser le maximum des tarifs. En Angleterre les concessions sont perpétuelles. C'est là un fait capital et qui peut servir de point de départ à des mesures toutes différentes de celles qui sont en vigueur dans notre pays où les concessions ont une durée limitée et où le Gouvernement exerce d'ailleurs sur les modifications de tarifs un contrôle continu qui lui donne une influence bien autrement efficace que la revision du maximum des tarifs.

Aux États-Unis d'Amérique, nous trouvons les mêmes abus qu'en Angleterre, aggravés par cette circonstance que, dans la plupart des États, le législateur, en autorisant la construction des chemins de fer et en donnant cette autorisation à perpétuité, n'avait pas même fixé de maximum pour les tarifs.

Pour se rapprocher du système français en l'adaptant à leurs habitudes, les législateurs américains ont usé successivement ou simultanément de trois procédés. Divers États ont voulu, à partir de l'année 1871, établir un maximum de tarifs et interdire toute espèce d'inégalités. Dans certains cas, par exemple dans le Wisconsin en 1874, le maximum a été fixé dans de telles conditions que les compagnies ne pouvaient plus payer de dividendes et n'étaient même pas en mesure de payer les intérêts des obligations. La loi a été rapportée en 1876 [1]. Un nouveau mouvement vient de se produire dans le même sens depuis 1887 et s'est étendu à beaucoup d'États; mais il a amené, notamment dans l'Iowa, la désorganisation du service des chemins de fer, et donné lieu aux réclamations les plus vives.

Dans d'autres cas, des commissions spéciales ont été chargées par la loi d'établir des tarifs. Certaines commissions qui n'avaient que le pouvoir de faire des observations aux compagnies et de signaler au public dans des rapports les résultats de leurs observations, ont exercé une grande influence.

Enfin le pouvoir fédéral a voté, après de très longues discussions, en 1887, une loi sur le transport dans plusieurs États qui pose en principe que les tarifs doivent être justes et raisonnables, qui interdit les inégalités et les conventions de trafic (*pools*) entre les compagnies de chemins de fer. Il a laissé aux tribunaux le soin d'appliquer les règles édictées par la loi, mais il a constitué une commission chargée de veiller à l'exécution de cette loi, de signaler, par voie d'observations aux compagnies ou d'interprétations publiques, les cas où elle est violée et de prendre les mesures nécessaires pour en poursuivre les transgressions.

Cette loi a été imitée depuis 1887 dans dix-huit États.

Le droit que s'est attribué le législateur des États-Unis d'Amérique d'intervenir dans la réglementation des tarifs, bien qu'aucune réserve n'ait été faite à cet égard dans les actes d'autorisation, se fonde, comme l'a déclaré la Cour suprême fédérale, en 1877, sur ce que, d'après la *common law* anglaise qui est toujours restée

[1] Hadley, *Le transport par les chemins de fer*, p. 178.

en vigueur, il appartient aux pouvoirs publics de limiter les tarifs perçus par les entrepreneurs de transports en commun, et de réglementer en général l'usage d'une propriété privée dès que cet usage peut affecter l'intérêt public [1]. Et toutefois à l'occasion d'une réclamation récente contre les mesures prises dans le Minnesota, la Cour suprême a annulé comme inconstitutionnelles des réductions de tarifs ruineuses. Ainsi que le dit un écrivain américain particulièrement compétent en cette matière, M. Hadley, « elle a répudié la doctrine de droits sans contrôle attribués aux législateurs pour établir les tarifs avec autant de netteté qu'elle avait répudié la doctrine de droits sans contrôle attribués aux agents des compagnies lors des affaires du mouvement des fermiers (*Grangers*) il y a douze ans. »

D'ailleurs pour apprécier ces différents systèmes, il faut tenir compte aussi des résultats qu'ils ont produits. La commission fédérale instituée pour l'application de la loi de 1887 paraît avoir été sagement inspirée. Elle a profité de la latitude que lui laissaient les termes de la loi pour ne pas appliquer rigoureusement les dispositions qui interdisent les inégalités et elle a autorisé des exceptions, notamment dans le cas de concurrence entre les chemins de fer et la navigation.

Mais l'interdiction des conventions de trafic (*pools*) entre les compagnies a entraîné des concurrences désordonnées entre beaucoup de lignes parallèles. D'autre part les réductions de tarif imposées par des lois ou par des commissions ont souvent été excessives. Ces diverses mesures ont amené une énorme dépréciation dans les recettes des compagnies et dans la valeur de leurs titres et entraîné un brusque mouvement d'arrêt dans la construction des chemins de fer [2].

Une dépréciation de plusieurs centaines de millions de francs provoquée par la réglementation à outrance vient ainsi s'ajouter à la dépréciation de plusieurs milliards de francs qu'avaient en-

[1] Lavoinne et Pontzen, *Les chemins de fer en Amérique*, t. II, p. 492.

[2] Allocution sur la récente législation des chemins de fer en Amérique et ses effets financiers prononcée à la Nouvelle-Orléans le 11 novembre 1891, par M. Arthur Hadley devant l'association des banquiers américains (*Journal des transports* du 2 janvier 1892).

traînée les faillites amenées par le régime antérieur de la liberté illimitée.

Telle est, à grands traits, la nouvelle législation des États-Unis d'Amérique.

Y a-t-il, dans ces différentes combinaisons, un système net, équitable, solidement assis, qui puisse être trouvé préférable au système français?

L'expérience faite en France a montré que le public trouvait dans l'homologation préalable des tarifs toutes les garanties nécessaires et que cette appréciation faite, après enquête, sur chaque proposition, permettait de tenir compte à la fois des principes et des circonstances et de concilier tous les intérêts.

Quant à l'influence du gouvernement sur la réduction des tarifs, si elle ne s'exerce pas aussi directement que dans d'autres pays, elle n'est pas moins considérable. Non seulement le tarif maximum des conventions primitives a été modifié par des conventions postérieures, mais les conventions de 1883 ont amené un remaniement général des tarifs appliqués pour la petite vitesse et de nouveaux arrangements viennent d'aboutir à une réduction considérable des tarifs de grande vitesse.

Il est inutile d'insister. Nous ne voulions que signaler, par quelques exemples, les précautions qu'exigent les études de législation comparée si l'on veut qu'elles soient profitables. Il y a là des ressources précieuses, mais il faut savoir s'en servir. Avec des travaux approfondis, on en tirera de grandes lumières; avec des travaux superficiels, on n'en tirerait qu'un moyen d'accréditer des erreurs. D'un côté est l'usage, de l'autre est l'abus.

Paris. — Imp. F. Pichon, 282, rue Saint-Jacques, et 24, rue Soufflot.